RENÉ LAFFON

René Laffon

A LA MÉMOIRE

DE

RENÉ LAFFON

E. Pagès.

Dans les époques de transformation politique et sociale, telle que celle que traverse la France depuis un siècle, lorsque les principes du vieux monde se modifient tantôt violemment par de brusques poussées en avant, tantôt lentement par la seule infiltration des idées on rencontre souvent de belles et nobles figures devant lesquelles on aime à s'arrêter : les uns ont brillé par l'inflexibilité de leur caractère ; d'autres par l'étendue de leur intelligence ; la résistance à l'oppression a illustré ceux-ci ; à ceux-là l'histoire tient compte de ce qu'ils ont souffert pour la liberté ; chacun a tenu sa place, chacun a fait quelque chose ; mais au-dessus d'eux et combien plus rares, combien plus dignes d'admiration, ces hommes complets, capables à la fois de prévoir les évènements et de mener les foules, gens d'honneur et gens d'énergie, chez qui se rencontre

> L'accord d'un beau talent et d'un grand caractère.

Malheureusement on dirait qu'enfants d'une terre finie et bornée, nous ne saurions avoir qu'un aperçu de l'infini et qu'un pressentiment de l'absolu et lorsque la nature a tout fait pour un homme, quand elle lui a tout donné, l'intelligence élevée qui fait voir de loin, la haute droiture que respectent les ennemis eux-mêmes, la délicatesse du cœur qui fait les amitiés vivaces et dévouées, l'énergie persévérante qui surmonte les obstacles, elle semble regretter d'avoir réuni tant de dons sur une seule tête, elle marque ce privilégié du sceau de la souffrance et de la mort prématurée, elle lui refuse les longs espoirs et, lui enlevant la santé nécessaire pour mettre en œuvre les qualités dont elle l'a doué, elle lui permet seulement de faire pressentir ce qu'il eût pu faire sans lui donner le temps d'accomplir l'œuvre à laquelle il semblait prédestiné.

Telle a été la vie de René Laffon.

Le 2 septembre 1891, après avoir été successivement préfet, conseiller d'État en service extraordinaire, directeur au Ministère de l'Intérieur, député, il s'éteignait à Sèvres à l'âge de 44 ans.

Ses collègues à la Chambre, ses anciens administrés, ses électeurs, tous ceux qui l'ont approché avaient pu apprécier ses connaissances étendues, son jugement droit et sûr, sa parole nerveuse et vivante.

Nul parmi ses adversaires — et, comme tous les hommes à idées nettes et à convictions profondes, il eut des ennemis nombreux et passionnés, — nul n'osa jamais soupçonner sa délicatesse ou attaquer sa loyauté.

Ses amis peuvent ajouter qu'il avait des qualités plus hautes encore que celles que connaissait la foule et qui déjà lui avaient fait un nom. Ils peuvent rappeler que, sous des dehors sceptiques, il cachait un cœur chaud et enthousiaste, que, tout en se plaisant souvent à donner à ses idées une forme paradoxale, il était avant tout un homme de haute droiture, doux et bienveillant aux faibles et aux humbles, autant qu'il pouvait être hautain et dédaigneux de toute compromission avec les puissants et les forts.

Voilà celui qui a été enlevé à l'affection des siens et à l'espérance de son parti par une longue et cruelle maladie, sans que la souffrance ni l'approche de la mort qu'il attendait aient pu modifier son caractère ou affaiblir son énergie, sans que la douleur ait jamais pu mordre sur ses convictions.

Né en 1847, René Laffon était fils d'un manufacturier qui mourut en 1848, laissant une jeune veuve et un enfant de six mois.

Sa mère, dès lors, se consacra tout entière à ce fils unique, vivant pour lui, se refusant à contracter un nouveau mariage. Cette sollicitude n'était pas inutile. Dès son enfance, René Laffon avait le germe de la terrible maladie qui devait l'emporter. Aussi sa mère, après lui avoir fait commencer ses études à Paris, dut-elle l'emmener dans le Midi où ils passèrent plusieurs années soit à Nice, soit en Italie.

C'est en 1865 qu'il revint faire son droit à Paris. Déjà dédaigneux des titres et n'attachant de prix qu'aux réalités, il n'acheva pas sa thèse de doctorat, sans se soucier de succès nouveaux que lui présageaient ceux qu'il avait eus précédemment.

Sa valeur fut rapidement connue et appréciée ; ses maîtres et ses camarades le traitaient en homme d'avenir. Aussi, lorsqu'après avoir plaidé quelque temps, non sans avoir vu sa carrière souvent interrompue par de nouvelles crises qui nécessitèrent plusieurs séjours prolongés dans le Midi, René Laffon voulut entrer dans l'administration préfectorale, ses amis se hâtèrent de lui en faciliter l'accès.

Homme intelligent, instruit, bien élevé, esprit original et fin, il avait déjà les opinions républicaines qui ont été celles de toute sa vie. Je n'en veux pour preuve qu'une lettre qu'il adressait à sa mère le 22 mai 1873 : « Nous sommes en pleine crise, écrivait-il ; la droite
» a positivement la majorité et elle en profitera pour aller jusqu'au
» bout : qui sait ce que l'avenir nous réserve ? Il se peut que dans
» huit jours Thiers ne soit plus au pouvoir. J'ai lu les conseils que
» tu me donnes, mais je crois devoir te dire très franchement que je
» ne saurais être de ton avis ; les circonstances et ma position ne me
» permettront pas sans doute de me mettre en avant comme tu parais
» le craindre, mais si par hasard l'occasion se présentait, je la
» saisirais avec empressement ; je crois n'avoir pas de peine à te
» démontrer que la ligne neutre que tu m'engages à suivre est mauvaise à tous égards. Les considérations que tu invoques sont de
» plusieurs ordres ; au point de vue de l'intérêt général, tu crois qu'en
» voulant devancer les évènements, on les retarde et que l'on fait
» avorter les réformes que la force des choses aurait nécessairement
» amenées ; en un mot tu conclus à l'immobilité et à l'expectative.
» Pour moi, je vois les choses différemment ; d'abord il n'est pas
» question de devancer les évènements, mais de les préparer et de
» les amener ; je ne crois pas à la force des choses, ou elle n'est pour
» moi que la résultante des activités individuelles. Si nous voulons

» le triomphe de nos idées, il ne faut pas attendre que les réformes
» nous tombent du ciel, il faut les réclamer et y travailler avec une
» infatigable persistance; qui donc défendra et propagera nos idées
» si ce n'est nous-mêmes? Nos ennemis eux ne s'engourdissent pas.

» Tu fais aussi valoir mon intérêt personnel; ici permets-moi de te
» dire que je ne te comprends pas; étant donnée la profonde droiture
» de ton caractère, la prudence de tes conseils me paraît exagérée.
» Qui sait, me dis-tu d'abord, si tes idées ne changeront pas? Non,
» *elles ne changeront pas*. Ce que je pense aujourd'hui n'est pas le
» résultat de la première fougue, de la première exubérance de la
» jeunesse. Je ne suis déjà plus dans l'extrême jeunesse. J'ai bientôt
» 26 ans; grâce à l'éducation que tu m'as donnée et au milieu dans
» lequel j'ai vécu dans mon enfance, le moral s'est développé chez
» moi plus vite que le physique; tu le sais, j'ai commencé de bonne
» heure à réfléchir; je n'étais encore qu'un adolescent, presqu'un
» enfant, que j'avais déjà presque toutes les idées que j'ai aujourd'hui;
» depuis dix ans elles ne se sont pas beaucoup modifiées et j'ose
» affirmer qu'elles ne se modifieront pas, car elles sont empreintes
» d'une maturité relative et leur fixité passée me répond de leur
» fixité future. Et puis pourquoi ne pas le dire, au risque de paraître
» doué d'une présomption déplaisante, quels que soient les autres
» défauts de mon caractère, et ils sont nombreux, je le reconnais, au
» point de vue de l'honnêteté, je suis sûr de moi. Quand je descends
» dans ma conscience, que j'interroge les mobiles de mes opinions,
» j'y trouve la conviction et non l'intérêt; quand je considère la
» tournure de mon esprit, je le dis sans hésitation, mais non sans
» une certaine fierté que je crois légitime : *je ne suis pas de ceux qui*
» *changent*.

» Donc si ma personnalité obscure, inexistante jusqu'ici, trouve
» jamais une occasion de se manifester, je ne l'éviterai pas; sans
» doute je veillerai à ne jamais me laisser entraîner par l'improvi-
» sation et la formule oratoire, à ce que ma parole ne dépasse pas ma
» pensée, mais quand une idée me paraîtra juste, je n'hésiterai jamais
» non plus à l'exprimer résolument et complètement. Tels sont mes

« sentiments, je suis persuadé qu'en y réfléchissant, tu reconnaîtras
» que j'ai raison. J'ajoute que ces sentiments se manifesteront
» d'autant plus que leur manifestation aura moins de chance de
» paraître intéressée ; et si, comme cela est possible, nous devions
» assister d'ici quelques jours à la chute de la République et à l'éclipse
» de toutes les idées qui me sont chères, je serais heureux de trouver
» l'occasion de déclarer dès le premier jour au régime nouveau une
» irréconciliable opposition et, au milieu des palinodies qui ne man-
» queraient pas de se produire, de donner, dans la limite de mes
» faibles moyens, un exemple d'honnêteté politique en m'engageant
» irrévocablement dans un parti le jour même de sa défaite. »

Le caractère élevé et chevaleresque que fait ressortir cette lettre, Laffon ne l'a démenti ni dans sa carrière administrative ni dans sa vie publique.

Le 26 décembre 1877, il fut nommé secrétaire général de la préfecture de l'Oise. La situation n'était pas des plus faciles. Le préfet qu'il trouva en fonctions avait été placé par le 16 mai et ne voulait rien faire qui put compromettre une position ébranlée. Quand plus tard un nouveau préfet fut nommé, on était trop près des élections sénatoriales de janvier 1879 pour que son influence put se faire sentir. Mais le secrétaire général avait agi et, grâce à la fermeté et à l'habileté de son administration, avait su acquérir dans le département une situation telle que ce fut à lui que l'on attribua en partie le succès des trois candidats républicains qui remplacèrent les trois sénateurs réactionnaires.

Quand eurent lieu les élections, Laffon avait déjà quitté l'Oise où sa santé était compromise par l'humidité de la ville de Beauvais. Il ne passa que peu de temps à Melun comme secrétaire général, fut nommé sous-préfet de Meaux et c'est de là que le 3 avril 1881, il fut envoyé comme préfet à Auxerre.

Là encore la situation était délicate. Le département de l'Yonne était certes nettement républicain ; mais il était profondément divisé par des questions de personnes. Dire que Laffon réussit à réconcilier ces frères ennemis serait sans doute une exagération ; mais le tact dont il fit preuve, la netteté de son attitude, l'intérêt qu'il porta à toutes les affaires du département le firent rapidement triompher des difficultés du début et lui permirent de grouper et de faire concourir au bien du pays et de la République toutes les énergies et toutes les volontés. C'est ainsi qu'il se créa les chaudes amitiés et les sincères dévouements qui devaient plus tard assurer une élection à laquelle il ne songeait pas alors.

Après avoir refusé le secrétariat général de la Préfecture de Police, il passa en novembre 1883 à la préfecture de Saône-et-Loire qu'il quitta en octobre 1884, sa poitrine déjà fortement attaquée ne lui permettant pas de supporter le climat de la ville de Mâcon.

Au moment des élections de 1885, ses anciens administrés de l'Yonne lui offrirent la candidature. Après l'avoir refusée tout d'abord, vaincu par les instances de ses amis, il finit par déclarer qu'il ne pouvait les empêcher de voter pour lui, mais qu'il ne voulait ni faire campagne ni aller dans aucune réunion. Il partit en effet pour les Ardennes et malgré son absence, il obtint un assez grand nombre de voix pour se trouver désormais le premier candidat désigné.

Peu de temps après le ministère de Freycinet succéda au ministère Brisson. M. Sarrien en échangeant le ministère des Postes pour celui de l'Intérieur se souvint du préfet, alors en disponibilité, qu'il avait pu apprécier à Mâcon et il offrit à Laffon la direction du cabinet et du personnel. Il la conserva dix mois et passa ensuite (novembre 1886) à la direction des affaires départementales et communales. Deux mois après, Paul Bert étant mort, on offrait à nouveau la candidature à Laffon qui donna sa démission dès le 8 janvier 1887 afin de pouvoir se présenter aux électeurs, dégagé de toute attache officielle.

Le 24 janvier 1887, il était élu par 34.142 voix, avec une majorité de 5.000 voix.

La carrière parlementaire de Laffon fut courte : on ne peut pas dire qu'elle n'aie pas été bien remplie.

Inscrit à la gauche radicale dès son entrée à la Chambre, il fit au mois de mai ses débuts à la tribune. Sa parole élégante et facile fut généralement appréciée.

Près d'un an plus tard, à la suite des procès relatifs au trafic des décorations, il déposait un projet de loi tendant à modifier et à compléter l'art. 177 du Code pénal. Selon lui, il fallait combler une lacune de notre législation pénale. « Tandis qu'elle prévoit, écrivait-
» il, et punit avec une légitime rigueur les actes de corruption impu-
» table aux fonctionnaires publics et agents de tout ordre, elle reste
» muette sur les faits de même nature qui pourraient être relevés à
» la charge de citoyens investis d'un mandat électif.

» Quelle est la cause de ce silence ?...

» Dans l'état actuel de la législation, le fait par un représentant
» élu, conseiller municipal, conseiller général, sénateur ou député,
» de se laisser corrompre par des dons ou promesses soit pour voter
» dans un sens déterminé, soit pour intervenir en faveur d'une
» affaire ou pour recommander une personne ne tombe sous le coup
» d'aucune répression.

» En un mot, le trafic d'influence lorsqu'il n'a pas pour objet un
» acte qui soit lui-même délictueux ou criminel est aujourd'hui un
» acte aussi légal que moralement coupable...

» Le peuple aime les solutions simples et les situations nettes. Des
» scandales se sont produits qui ont d'autant plus ému l'opinion
» qu'ils étaient plus inattendus et partaient de plus haut. Le Parle-
» ment pourrait en être effleuré s'il semblait y rester indifférent.

» Il importe de marquer à tous les yeux les sentiments qui animent
» tout le parti républicain et d'affirmer une fois de plus que la Répu-
» blique n'aurait pas de raison d'être si elle n'était un gouvernement
» d'égalité et de justice pour tous. »

Le 12 juillet 1888, après les scandales de Citeaux, il proposait la suppression immédiate des congrégations religieuses d'hommes et parvenait, malgré une très violente opposition à faire voter la déclaration d'urgence.

A partir de ce jour la tribune lui fut à peu près interdite. Ce projet de loi avait fait de lui, pour un certain nombre de ses collègues, un véritable épouvantail et chaque fois qu'il voulut parler depuis, sa voix fut couverte par les clameurs et les cris de la droite. Que de fois ses amis l'ont entendu regretter de n'avoir pas les poumons nécessaires pour dominer le tumulte ! Ce n'était pas le courage qui lui manquait pour faire tête à l'orage ; le tour de son esprit l'aurait plustôt facilement rendu aggressif, mais il était bientôt obligé de s'arrêter, ses forces n'étant pas à la hauteur de son énergie morale.

Au reste cette incapacité physique ne l'empêchait ni de travailler ni d'agir et il dépose encore deux projets avant la fin de la législature.

Le premier — 10 décembre 1888 — était relatif à la réduction du nombre des représentants. Voici les arguments qu'il invoquait en faveur de sa thèse : « Tous ceux qui ont traversé nos assemblées
» parlementaires ont pu se rendre compte des inconvénients que
» présente la composition trop nombreuse de ces réunions. L'in-
» fluence et le sentiment de la responsabilité qui en est la consé-
» quence s'affaiblissent en s'émiettant sur un trop grand nombre de
» têtes. La multiplicité des initiatives individuelles qui se manifestent
» par des actions discordantes, rend excessivement difficile la for-
» mation et le maintien d'une majorité homogène pouvant servir de
» base à un gouvernement stable.

» Les éléments trop nombreux se désagrègent plus facilement et
» ne forment que des groupements sans cesse variables dont la
» décomposition périodique amène ces incessantes crises ministé-
» rielles qui lassent et irritent le pays.

» Voilà pour le côté purement politique. Au point de vue du travail
» intérieur de législation qui est l'essence même du rôle de la Cham-
» bre les inconvénients ne sont pas moindres. Plus on est nombreux,
» moins on fait de besogne. Chacun, il est vrai, tient à honneur de se
» signaler en déposant un projet de loi sur une question quelconque,
» d'innombrables Commissions fonctionnent et l'ordre du jour fléchit
» sous le poids des propositions dues à l'initiative parlementaire.
» Mais l'encombrement même engendre la stérilité et les projets

« vraiment utiles ont peine à se dégager du milieu trop touffu où ils
» sont enserrés.

» Les Commissions nommées au hasard des bureaux ne repré-
» sentent souvent qu'imparfaitement l'esprit de la Chambre et leur
» œuvre laborieusement édifiée vient se briser dans les surprises de
» la discussion publique.

» Le système des grandes Commissions permanentes qui a été
» proposé par plusieurs de nos collègues et qui est indispensable
» pour faire œuvre utile remédierait sans doute en partie à ce der-
» nier inconvénient, mais il n'en reste pas moins vrai que dans une
» assemblée de six cents membres, il est bien difficile de discuter
» d'une façon suivie et utile et d'arriver à faire l'union sur une ques-
» tion tant soit peu complexe.

» Enfin le recrutement même des assemblées ne peut manquer de
» se ressentir de leur trop nombreuse composition. Sans insister sur
» ce sujet délicat, il est bien évident qu'il est difficile de trouver
» dans un pays neuf cents hommes politiques de réelle valeur et
» l'obligation où l'on est de recourir parfois pour remplir les cadres,
» à des personnalités qui ne s'imposent pas absolument, surexcite
» d'innombrables ambitions dont les manifestations font trop sou-
» vent dévier les questions de principes en compétition de personnes.

» En réduisant dans une forte proportion le nombre des repré-
» sentants, on diminuera les convoitises électorales et l'on assurera
» un meilleur recrutement des assemblées, un meilleur fonctionne-
» ment du travail législatif. Les élections y gagneront en sincérité,
» le Parlement en autorité. »

Aux termes de ce projet, il devait y avoir 387 députés et 190 sénateurs. Bien que la proposition de Laffon eut été favorablement
accueillie par la presse et par une partie du Parlement, le gouvernement crut devoir s'opposer à cette réforme pour obtenir de la Chambre
le remplacement du scrutin de liste par le scrutin uninominal.

Déjà avait commencé la crise boulangiste. Si éloigné que paraisse
aujourd'hui le moment où certains crurent pouvoir espérer le retour
d'un césarisme bâtard, si oubliés que soient ceux qui, doutant de

l'avenir de la démocratie, comptaient avoir bientôt un maître, ces temps sont trop proches pour qu'il soit nécessaire de dire ce que fut le boulangisme.

Il suffit de rappeler, sans fiel ni colère, que, pendant cette période d'affolement, il y eut un instant où il fallait un réel courage pour remonter le courant. Certes les Ministres qui furent au pouvoir à cette époque ont tous — et l'histoire le racontera à leur honneur — lutté de toutes leurs forces et de toute leur énergie. Qu'eussent-ils fait pourtant que de se précipiter, nouveaux Curtius, dans le gouffre chaque jour plus profond s'ils n'avaient trouvé un appui certain dans le Parlement, plus froid, plus unanime au Sénat, d'autant plus ferme et d'autant plus énergique à la Chambre qu'il y avait là une violente minorité à combattre.

Mais avant qu'une majorité nettement anti-boulangiste se fût formée à la Chambre, il y eut un moment de cruelle hésitation. Combien peu ont compris dès le début quelles pourraient être les conséquences du boulangisme ! Beaucoup — et non des pires — ceux-ci poussés par l'intérêt personnel, ceux-là s'inspirant de considérations d'un ordre plus élevé, d'autres enfin marchant sans savoir, pour suivre la foule, beaucoup se demandèrent s'ils ne devaient pas se mettre à la remorque d'un soldat révolté. Pour entraîner ces hésitants, pour faire revenir ces égarés, il fallut que quelques hommes à l'âme haute et au cœur droit, l'honneur du parti républicain tout entier à quelque fraction qu'ils appartiennent, sans se soucier de ce qui pourrait leur advenir, sans s'inquiéter de savoir si le parti qu'ils prenaient était ou non avantageux, sans craindre de se compromettre devant leurs électeurs, se décidassent à marcher en avant, à attaquer résolument et à combattre par tous les moyens légaux les menées plébiscitaires et se jetassent dans la lutte sans peut-être même à ce moment prévoir le triomphe éclatant que leur initiative devait amener.

L'homme politique qui se résigne est perdu, a dit Michelet. Ceux-là ne voulurent ni se résigner ni désespérer. Qu'importe à certains d'entre eux, si plus violemment combattus, ils manquent momentanément au Parlement. Ils ont pour eux la conscience du devoir accompli et la reconnaissance de tous les honnêtes gens.

Parmi ceux-là, et en tête, et l'un des plus méritants, car sa situation électorale devait en être fortement compromise, se plaça René Laffon.

Non seulement il porta à la tribune le projet destiné à la répression des menées plébiscitaires qu'il avait signé avec plusieurs de ses collègues, mais, dans l'Yonne, par des réunions fréquentes, par de nombreuses lettres aux journaux, il releva le moral de ses électeurs et marchant furieusement à l'assaut, il arriva non sans peine à changer l'esprit du département qui tournait au boulangisme et à triompher des ennemis de la République. Dans cette lutte, il ne consulta pas ses forces et peut-être eût-il été conservé plus longtemps à l'affection de ses amis s'il eût été capable de se ménager et de tenir compte de sa santé alors que les convictions de toute sa vie étaient menacées.

Voici le début de l'exposé des motifs qu'il fut chargé par ses collègues de faire pour le projet de loi sur les menées plébiscitaires :

« Des événements récents ont montré qu'il existe dans notre législation électorale une importante lacune. Les lois en vigueur autorisent implicitement les candidatures multiples et n'en limitent pas le nombre. Jusqu'ici, cette omission n'avait pas eu de conséquences graves. Sans doute, quelques candidats s'étaient présentés à la fois dans plusieurs circonscriptions, soit pour mieux assurer leur élection, soit pour donner plus d'autorité aux doctrines qu'ils comptaient défendre devant le Parlement. Mais cette pratique n'avait pas faussé le caractère des élections, qui étaient restées ce qu'elles doivent être par leur nature même, l'acte par lequel le corps électoral choisit ses mandataires chargés de le représenter et de légiférer en son nom.

» Aujourd'hui tout est changé. Depuis bientôt un an, nous assistons à une entreprise sans précédent. Ce qu'on demande au suffrage universel, ce n'est plus de choisir des députés, c'est de se désigner un chef. Chaque fois qu'une ou plusieurs vacances se

» produisent sur un point quelconque du territoire, le même nom
» est proposé aux électeurs, simultanément ou successivement, après
» ou sans démission préalable, toujours et quand même.

» Est-ce là le fonctionnement normal de la loi électorale ? Assuré-
» ment non. Le candidat perpétuel et universel dont nous parlons
» n'est point un candidat ordinaire ; député, il ne siège ni ne vote.
» Candidat, il ne sollicite de nouveaux mandats que pour les aban-
» donner aussitôt, ne poursuivant qu'un but, accumuler sur son nom
» une série de manifestations successives, qui lui permettent de se
» grandir au point de se placer seul en face des pouvoirs publics et
» de les mettre en échec. Ce ne sont plus des élections, c'est une
» série ininterrompue de plébiscites partiels. Ce qu'on vise, on l'avoue
» hautement, c'est tout au moins la première magistrature de l'Etat,
» dont on espère chasser celui qui l'occupe légalement aujourd'hui.

» De tels agissements mettent en péril les institutions républi-
» caines, il est nécessaire d'y mettre un terme. Nous vous proposons
» de décider qu'à l'avenir aucun candidat ne pourra se présenter à
» la fois dans plus de deux circonscriptions électorales, et qu'une fois
» élu il ne pourra solliciter ou recevoir un nouveau mandat qu'après
» s'être dépouillé du premier et seulement dans la même circons-
» cription.

» La nouvelle école qui a entrepris de remplacer toutes nos
» garanties politiques par l'acclamation d'un homme s'efforcera sans
» doute de faire croire que nous voulons limiter les droits du suffrage
» universel.

» Nous pensons au contraire assurer son indépendance.

» Quand il nomme des représentants avec un mandat limité et
» pour une période déterminée, le suffrage universel délègue tempo-
» rairement un pouvoir dont il ne se dessaisit pas ; aucun de ses
» élus partiels ne peut avoir la pensée d'usurper sur le peuple dont
» il est issu et d'intervertir les rôles en se faisant le maître du sou-
» verain ; aucun n'en aurait le pouvoir.

» Quand, au contraire, il désigne directement le chef de l'État,
» dans un pays centralisé comme le nôtre, le peuple abdique ; car il

» place dans la même main de tels pouvoirs, que la liberté ne dépend
» plus que du bon vouloir et de l'honnêteté d'un seul. Que ceux qui
» trouvent cette garantie suffisante, que ceux qui songent encore,
» malgré l'exemple de 1851, ou peut-être à cause de l'exemple de
» 1851, à faire élire le Président de la République par le suffrage
» universel, osent en faire ouvertement la proposition. Nous verrons
» combien de républicains les suivront dans cette voie.

» Mais jusqu'à ce qu'une telle proposition se produise ouvertement,
» il ne saurait être permis de faire par une voie détournée ce qu'il
» est interdit de faire directement.

» On ne peut tolérer qu'un prétendant, se couvrant d'une équivoque,
» et sous le prétexte mensonger de solliciter un mandat dont il est
» déjà investi et que, d'ailleurs, il n'exerce pas, promène à travers la
» France sa candidature présidentielle, sinon dictatoriale. L'intérêt
» de la République, la défense des droits du suffrage universel contre
» les entreprises du pouvoir personnel commandent l'adoption des
» mesures que nous proposons. »

Venait ensuite le développement des articles du projet de loi. C'est à la séance du 26 février 1889, que Laffon déposa cette proposition en son nom et au nom de sept de ses collègues et en donna lecture à la Chambre.

Parmi les signataires (1), plusieurs craignirent qu'une demande d'urgence ne parut précipitée et n'aboutit à un échec, qui aurait sans doute amené l'ajournement indéfini du projet. En présence de ces hésitations de forme, Laffon se contenta de lire la proposition à la tribune et ne conclut pas sur la question d'urgence. La droite et les boulangistes en profitèrent pour la demander de leur côté, espérant

---

(1) Les noms des signataires doivent être conservés et Laffon se serait refusé à ce que son nom fût séparé de ceux qui, comme lui, furent à la peine. Les voici : MM. René Laffon, Henri Marmonier, Sigismond Lacroix, Pichon, Hanotaux, Burdeau, Gaillard (Isère), Saint-Romme. D'autres depuis se joignirent à eux, mais ceux-là furent les ouvriers de la première heure. Pour se rendre compte du courage qui fut alors nécessaire pour attaquer nettement le boulangisme, il suffit de constater que sur ces députés, quatre ne purent être réélus, tant l'initiative qu'ils avaient prise avait accumulé contre eux de colères et de haines, qui se traduisirent par un acharnement particulier contre leurs candidatures.

amener un peu de bruit, obtenir la discussion immédiate et arriver au rejet du projet. M. Pichon, l'un des signataires, combattit alors l'urgence pour pouvoir sauver le projet qui fut renvoyé à la commission d'initiative, où il resta jusqu'au mois de juillet.

A cette époque, Laffon, de nouveau malade, ne pouvait suivre les séances de la Chambre, mais il ne se désintéressait pas des affaires du pays et il écrivait à ses collègues pour les prier de hâter le dépôt du rapport et la discussion du projet.

On sait que ce fut le dernier ou l'avant-dernier jour de la législature, qu'une proposition nouvelle sur les menées plébiscitaires — différente du premier projet par l'exposé des motifs et par quelques détails de forme — fut déposée et enfin votée. Les auteurs de cette dernière proposition savaient combien Laffon s'intéressait à cette question ; aussi n'hésitèrent-ils point à ajouter sa signature à la leur, bien qu'il fût à ce moment au Mont-Dore, où l'avait envoyé son médecin.

Il parut se remettre, mais les fatigues d'une campagne électorale, où il fut obligé de donner de la façon la plus énergique, devaient le frapper irrémédiablement.

Pendant l'année 1890, il ne prit que peu de part aux travaux de la Chambre et déposa seulement un projet sur la vaine pâture.

Le mal faisait des progrès. Dès l'hiver, il était tellement atteint, qu'il ne pouvait même être transporté dans le Midi et, après avoir langui encore quelques mois, il s'éteignait le 2 septembre dernier, heureux d'avoir vu l'affection de sa mère qu'il avait perdue depuis plusieurs années, remplacée par le dévouement d'une parente qui fut pour lui une sœur, et dont les soins constants adoucirent ses derniers moments.

Tel fut René Laffon. Ces courtes pages pleines de lui, remplies de son souffle et de son âme ardente démontreront, je l'espère, quel homme le pays a perdu à sa mort. Avant tout et par dessus tout, il fut un homme de bonne foi et de devoir. S'il heurta des intérêts, s'il froissa des convictions, que ceux qu'il a le plus violemment attaqués veuillent bien se souvenir des préceptes de cette Église aux dogmes

— 15 —

de laquelle il ne croyait pas : Paix aux hommes de bonne volonté. S'il a existé des hommes cherchant consciencieusement le droit, le vrai et le bien, Laffon fut de ceux-là. Qu'il se soit trompé parfois, qui le contestera ? Il était homme et par conséquent sujet à l'erreur. Mais il n'a jamais sciemment trompé personne ; il n'a jamais menti ni aux autres ni à sa conscience; il a toujours suivi la voie qu'il a considérée comme la plus droite et la plus honnête ; il a toujours cherché la vérité; il a toujours voulu le bien ; il ne s'est jamais déterminé par des motifs d'intérêt personnel.

Parmi ses amis, ceux qui, comme moi, sont profondément convaincus que tout n'est pas fini par la mort, trouveront une consolation à espérer qu'ils le reverront un jour. Tous garderont à sa mémoire leur plus affectueux souvenir. Ils ont le droit d'être fiers de lui ; ils ont le droit de dire non seulement qu'il fut un homme de valeur et de talent, de caractère et d'énergie, mais aussi qu'il fut un homme de cœur et par dessus tout un honnête homme dans la plus haute et la plus complète acception de ce mot.

Pauvre Laffon ! Devant son cercueil on a prononcé bien des discours profondément émus. Trois mois se sont à peine écoulés et son souvenir est déjà lointain. Pourtant ne pourrions nous lui appliquer — et nous ne saurions mieux terminer cette rapide biographie—ce qu'il disait lui-même devant la tombe prématurément ouverte aussi de M. Durand-Désormeaux, semblant presque pressentir dès lors sa mort prochaine et faire en quelque sorte son propre panégyrique : « Avec
» une fermeté de volonté, une sûreté de vue, une promptitude de
» décision qui ne se démentirent jamais, il fit face à tout, et montra
» dans ce rôle accablant toutes les qualités non seulement d'un
» homme politique, mais d'un véritable homme d'État.

» Aussi tout le parti républicain avait-il fondé sur lui de grandes et
» légitimes espérances ; il n'était point de situation si élevée à la
» hauteur de laquelle il ne parût être et l'on pouvait déjà prévoir le
» moment où la République l'appellerait à de plus hautes destinées.

» Mais ces prévisions devaient être trompées; la pénible tâche qu'il
» avait entreprise et menée à bien n'était point supérieure à sa puis-

» sance de travail, mais elle était au-dessus de ses forces physiques.
» Quand tout fut fini, quand son œuvre fut accomplie et qu'il ne se
» sentit plus soutenu par le stimulant d'une impérieuse nécessité, cet
» organisme puissant s'affaissa tout à coup. C'est alors seulement qu'il
» songea à lui-même et voulut se soigner ; il était trop tard, le mal
» l'avait marqué ; pendant quelques mois, il a décliné rapidement,
» conscient de son état, douloureusement affecté, mais toujours calme
» et ferme et ne regrettant point d'avoir donné sa vie pour le service
» de ses idées.

» Maintenant tout est fini ; de cette organisation d'élite, il ne reste
» rien ; je me trompe, il reste un souvenir que rien ne saurait effacer.
» De même que la vie de M. Durand-Désormeaux a été pour nous un
» exemple, sa mort est un enseignement. A une époque où les
» vieilles croyances déclinent, dans une société que l'on voudrait
» faire passer pour sceptique, celui qui est là, sous nos pieds, a
» montré que l'esprit de dévouement et de sacrifice n'est point l'apa-
» nage de ceux qui prétendent le revendiquer comme un monopole ;
» et quand les représentants du passé nous diront, comme ils le font
» chaque jour, que l'idée religieuse seule élève l'âme au-dessus des
» préoccupations matérielles, nous leur répondrons en nommant celui
» qui a été l'apôtre et le martyr d'une foi nouvelle et d'un culte im-
» périssable, la foi dans les principes, le culte du devoir, de la liberté
» et de la patrie ».

SAINT-BRIEUC. — IMPRIMERIE FRANCISQUE GUYON, RUE SAINT-GILLES, 4.

www.ingramcontent.com/pod-product-compliance
Lightning Source LLC
Chambersburg PA
CBHW060552050426
42451CB00011B/1865